ALA DELTA

Direcció editorial:
Departament de Literatura GE

Direcció d'art:
Departament de Disseny GE

Disseny de la col·lecció:
Manuel Estrada

Primera edició: març de 2022

Impressió:
Edelvives Talleres Gráficos. Certificat ISO 9001
Imprès a Saragossa, Espanya

ISBN: 978-84-479-4616-7
DL B 4098-2022

El 0,7% de la venda d'aquest llibre es destina a projectes de desenvolupament de l'ONGD SED (www.sed-ongd.org).

El paper utilitzat en aquest llibre procedeix de boscos gestionats de manera sostenible. Edelvives Talleres Gráficos compta amb la certificació PEFC i FSC®.

Mar de lletres

Jordi Cervera

Il·lustracions

Roger Olmos

ALA DELTA

BAULA

A la Laura i a la Mireia,
el meu mar de lletres.

Al Roger Olmos,
per la màgia de les seves mans.

1

Visc a Randemar.

Randemar és un poble mariner de cases petites de parets blanques, molt, molt blanques, que reflecteixen tota la llum del sol. Podria ser un poble com molts d'altres si no fos per una tradició que és la nostra màxima expressió de llibertat. Des de sempre, es manté viva una antiga llei que diu que cada veí pot escollir sense cap problema el color de la teulada de casa seva.

N'hi ha de vermelles, com una poma de conte de fades; de verdes, com els camps de blat acabats de plantar; de grogues, com un raig de sol; de blaves, com aquell mar que pentina cada dia les seves platges. Però també hi ha persones especials que tenen gustos molt particulars, i per això també és fàcil trobar teulades amb les teules de color vi (la del propietari de la *bodega* La Parra), de color d'or (la de la joieria L'Anell), de color negre (la de la funerària La Puntual), de color marró fosc (la de la xocolateria El Cacau) o de color rosa xiclet (la de la botiga de llaminadures Caramels & Co). I una —la de casa nostra, que, curiosament, va ser la que va provocar més discussions i la polèmica més encesa que es recorda al poble—, una de blanca, blanca com la neu, blanca com les parets blanques de tot el poble.

La casa de la teulada blanca, la que hi ha a la plaça de la Llibertat, és la meva; la casa on visc i on vaig néixer, la del Joaquim de Can Pelaia, un vell pescador, fill, net i besnet de pescadors, i pare i, potser, això encara no ho tinc clar, avi de pescadors.

El Joaquim té un fill, el Quim, pescador com ell, i un net, el Quimet, que soc jo, i que quan no tinc escola surto a pescar amb el meu pare i el meu avi. Però, tot i que m'agrada fer-ho, encara no sé del cert si, quan sigui gran, voldré ser pescador com ells.

Jo, el Quimet, soc el principal responsable de tenir una teulada blanca a casa nostra. Abans, des que es va construir fa molts, molts, molts anys, la teulada sempre havia estat vermella, vermella com aquelles teules que semblaven mitja paperina de xurros de festa major, vermella com les roselles o com la sang que em va sortir de la punta del dit el dia que em vaig punxar amb un ham dels de pescar calamars.

2

També us haig de dir que m'agradaven molt els diumenges, el millor dia de la setmana. No havia d'anar a l'escola, l'avi no sortia a pescar i jo em podia aixecar aviat i anar al seu llit per escoltar una de les moltes aventures i llegendes del mar que sempre explicava.

—La saps, Quimet, la història del pop de setze potes?

—Un pop de setze potes? No hi ha pops de setze potes, avi. Tots els pops en tenen vuit.

—Vols escoltar la història o no?

Les històries de l'avi sempre eren emocionants i divertides. Sí, sí que volia escoltar la del pop de setze potes.

—Hi havia una vegada un parella de pops que vivien molt tranquils al fons del mar. Es deien Popi i Ventosa, i un dia van tenir un fill. Superada l'emoció inicial, se'l van mirar bé i van veure que no era igual que la resta de pops del món. No podia ser! Tenia setze potes en lloc de vuit! Què havia passat? Era bo tenir setze potes? Era dolent? Què pot fer un pop amb el doble de tentacles del que és habitual? Només tenien preguntes i cap resposta, fins que van decidir que ja n'hi havia prou, que era el seu fill i que se l'estimarien molt encara que fos únic i diferent de tots els altres pops. Al cap i a la fi, si ens ho mirem bé, tots som diferents i no hi ha ningú exactament igual a un altre.

»Dit i fet, el Tacles es va convertir en l'alegria de la família, fins que un dia anava nedant d'esquena i va xocar contra un tauró. La Popi i el Ventosa es van esglaiar i van témer el pitjor. El tauró es podia menjar el Tacles d'una sola queixalada, però, en lloc d'això, es va girar i va exclamar:

»—Feu el favor de mirar per on nedeu, que encara tindreu un accident!

»"Feu? Nedeu? Tindreu? Com és que aquest tauró li parla en plural, al Tacles?", van pensar quasi a la vegada la Popi i el Ventosa.

»I quan van mirar cap al lloc de la topada van veure que, encara una mica estabornits pel xoc amb la pell dura del tauró, hi havia dos pops.

—Dos pops? —pregunta el Quimet, estranyat.

—Sí, dos pops. Dos pops petits. Resulta que ningú no ho havia vist abans, però no era que el Tacles hagués nascut amb setze potes, el que havia passat és que havien nascut dos pops i el cap de l'un havia quedat a dins del de l'altre, i per això només havien vist un únic cap i setze potes.

»Tots van estar molt contents, i des d'aquell dia el Tacles no para de jugar amb el seu germà, el Tent, vigilats pels seus pares, la Popi i el Ventosa.

»Quimet, tingues sempre clar que les aparences enganyen i que les coses no són sempre el que semblen a primera vista.

3

Ja veieu, les històries de l'avi eren sempre molts originals i divertides, i el millor de tot era que no en repetia mai cap. N'hi havia de peixos, de pirates, de navegants, de tempestes, de mariners, de tot, però a mi, més enllà de les aventures, hi havia una cosa que no m'agradava gaire. El color vermell no m'acabava de fer el pes, i per això, com que sabia que l'avi no em negava mai res, un matí de diumenge, després que m'expliqués una de les seves aventures, li vaig preguntar en veu baixa si li podia demanar una cosa.

—És clar que sí, Quimet, el que vulguis! —em va respondre sense dubtar.

—Podríem canviar el color de la nostra teulada?

La meva pregunta el va sorprendre. Es va quedar en silenci durant uns segons i va replicar:

—I com és que el vols canviar?

—El vermell no m'agrada gens.

—I de quin color la voldries pintar? —em va dir, com si allò fos la cosa més normal del món

—De color blanc!

—Blanc? El blanc no és cap color. És blanc i prou.

—I tant que és un color! El blanc és el color blanc. El primer de la llista.

—D'acord, potser sí que és un color, però és color de paret i no de teulada.

—No hi ha colors de paret ni de teulada, avi. Els colors són colors i prou. I es pot pintar qualsevol cosa de qualsevol color.

—Però totes les parets del poble són blanques i no hi ha cap teulada que ho sigui.

—Més al meu favor, així la nostra teulada serà única. Can Pelaia, la casa de la teulada blanca.

—I què dirà la gent?

—Que diguin el que vulguin. No fem res mal fet. La llei diu que cadascú pot pintar la teulada del color que li sembli millor, oi? Doncs la nostra serà blanca.

4

L'avi es va estar rumiant la meva proposta uns quants dies i, finalment, tot i les protestes de tota la família i d'algun veí de confiança a qui van comentar la meva idea, es va deixar convèncer, va acceptar i entre tots vam pintar la teulada de color blanc. No va fer falta esperar gaire temps per veure els resultats de la nostra idea. La noticia va córrer per tot el poble com un riu de pólvora encesa i, un rere l'altre, tots els veïns de Randemar anaven desfilant per davant de Can Pelaia per veure amb els seus propis ulls si allò que havien sentit i que consideraven un autèntic despropòsit era veritat o una broma amb poca substància.

I tots, sense excepció, quan ho veien quedaven esverats i preguntaven els motius d'aquella decisió singular que trencava la coherència del municipi i creava una insòlita, estranya i evident anomalia. La resposta de l'avi Joaquim era sempre la mateixa.

—Pregunteu-ho al Quimet. És idea seva, i us haig de dir que a mi no em sembla gens malament.

Alguns marxaven enfadats i remugant, però d'altres, els que tenien molta confiança o un excés de curiositat i de ganes de xafardejar, es quedaven i em preguntaven a mi per quin motiu havia decidit pintar la teulada de color blanc.

—El blanc és un color molt bonic —responia mirant de treure'm els pesats del damunt.

Però si no es donaven per vençuts, insistien i ho tornaven a preguntar, acabava la conversa amb una resposta diferent i menys formal.

—Una teulada blanca és com un aparador gegant on es pot posar qualsevol cosa.

I precisament un dia, en el mateix moment en què acabava de respondre a un d'aquells pesats, al damunt de la teulada hi havia un grup de pardals, movent-se i saltant amunt i avall.

—Mireu, si la teulada fos d'un altre color no els veuríem. Ara sembla un pentagrama ple de notes fosques que es belluguen amb ritme, i així, des d'aquí, aprofitant que les teulades tenen una inclinació natural que ens permet veure tota la seva superfície, podem seguir els moviments dels moixons sense problemes.

Haig de reconèixer que els habitants de Randemar no quedaven gaire convençuts amb les meves explicacions, però, com que tampoc no era un tema gaire important, se n'anaven tots a casa seva sense ferne gaire cas i pensant que allò era falta de disciplina familiar, que els nens eren nens i no podien decidir de cap manera el color de les teulades del poble. Només faltaria!

Al cap d'uns dies, aprofitant que no hi havia escola i que ja havia enllestit tots els deures, vaig sortir a la mar per ajudar el pare i l'avi. Vam estar pescant tot el dia i, quan vam tornar, a primera hora de la tarda, vaig tenir una alegria molt gran. La

barca, la barca de l'avi, *La Carmeta*, va girar a estribord i va entrar a la boca de la badia de Randemar. Des d'allà es veia tot el poble en perspectiva, com una gran postal turística d'aquelles que s'envien als amics quan es va de vacances. L'avi, sense deixar el timó, es va posar dret i va assenyalar cap a la platja.

—Mireu! És Can Pelaia. Es veu d'una hora lluny. No es pot confondre amb cap altra.

El pare i jo vam mirar en direcció a casa i vam poder corroborar les paraules de l'avi. La teulada blanca destacava sense cap entrebanc per damunt de les de la resta de cases. Era única!

—Can Pelaia, la casa de la teulada blanca —va afegir amb orgull.

Cap dubte. Casa nostra destacava per damunt de totes les cases veïnes. Malgrat la varietat de colors que mostraven les teulades del poble, la nostra es veia més que cap altra. Em vaig sentir molt bé, molt feliç. L'avi i, sobretot, el pare estaven contents i orgullosos de la meva idea. Ara ja ningú no discutiria el color i, a més, sempre que tornessin de pescar la veurien destacar més que totes les altres.

5

A mi m'agradava molt anar a pescar. Encara no sabia si m'agradava prou per dedicar-m'hi tota la vida, però d'una cosa sí que n'estava segur: m'agradava més anar a pescar que anar a l'escola. Ho deia sempre en veu baixa i no a tothom, perquè segur que no estaria ben vist, però n'estava convençut. Sortir de nit, al costat del pare i de l'avi, amb el vent a la cara, sentint el soroll del motor de *La Carmeta*,

veure sortir el sol per l'horitzó, menjar a la barca les cassoles que cuinava l'avi o llançar les xarxes i esperar l'hora de recollir-les amb impaciència, parlant, rient i, de vegades, jugant, era molt, molt divertit.

Era el mateix mar i, pràcticament, anàvem sovint als mateixos llocs, però la pesca sempre era una sorpresa, una cosa única i diferent de totes les altres. Mai no pescàvem el mateix. Buidar la xarxa a l'interior de la barca era un espectacle; era veure com, en un moment, s'escampaven centenars de peixos per la fusta de la coberta. Aigua, algues i escates brillants que reflectien la llum del sol; centenars d'espècies de tota mena que saltaven, que es movien, que esquitxaven, que volien tornar al mar. I després, una vegada pescats, i mentre tornàvem cap a casa, calia agafar els peixos un per un, separar-los i classificar-los per grups en caixes diferents per poder portar-los a la llotja a vendre'ls.

Quasi sempre, amb més o menys quantitat, hi havia mabres, sards, anxoves d'escates brillants, bruixes de carn blanca, que no tenien res a veure amb aquelles negres que sortien als contes; corballs, esparralls, sonsos i verats. I, pel mig, de vegades, esquitxant de color vermell aquell petit mar de plata, apareixien molls i rogers. M'agradaven, els molls i els rogers. Vermells, diferents, trencant aquella harmonia de les xarxes. Un color diferent de tots, com la teulada de casa nostra.

Però, de vegades, pujar la xarxa era trobar-se amb grans sorpreses, amb animals especials que destacaven força entre la normalitat de la pesca de cada dia. Si t'hi fixaves bé, enredat amb els fils de la xarxa, de tant en tant apareixia un petit i delicat cavallet de mar. Aleshores l'agafàvem amb cura, el guardàvem uns moments al palmell de la mà amb una mica d'aigua i el tornàvem al mar. I el vèiem marxar a cops de cua per l'aigua transparent.

Una altra sorpresa poc habitual era trobar-se un gat, musculós i de pell rugosa, un petit tauró allargat que semblava disposat a defensar-se amb ganes, a mossegar-nos a tots. Costava d'agafar i, si era una mica gran, resultava complicat fer-ho sense rebre algun cop de cua. Per sort, mai no vam patir cap mossegada. Segur que feia molt mal, una mossegada de gat!

El dia que aconseguíem pescar escórpores i lluernes era com viatjar directament al fons del mar, com convertir-se en protagonista d'emocionants pel·lícules d'aventures. Dos peixos estranys, plens de punxes, de formes quadrades i amenaçadores, com el *Nautilus*, el submarí misteriós del capità Nemo, una de les fantàstiques històries futuristes que va imaginar l'escriptor francès Jules Verne a finals del segle XIX. M'agradava agafar-los, amb cura de no punxar-me, i posar-los cara a cara, com si fossin els protagonistes d'un terrible i perillós combat de monstres.

Trobar-se una rajada, amb les ales esteses i aquella cua perillosa acabada en punxa, resultava també una experiència fantàstica. Es movia a batzegades, com si volgués començar a volar, com si d'un moment a l'altre es pogués escapar de la barca i marxar, cel amunt, a tocar els núvols, lluny de la barca i de l'abast de les nostres mans.

Però, quan realment la pesca ho convertia tot en un dia molt especial, era quan, entre la munió de peixos que es movien damunt la coberta de la barca, apareixia un pop. Un gran pop amb el cap gros i les vuit potes plenes de ventoses que mirava de fugir com fos d'aquell entorn nou i hostil. Era molt divertit agafar-li una de les potes i sentir com s'aferrava al braç, es cargolava i mirava de fer força, de pressionar, i, sobretot, vigilant que el joc no s'acabés amb un tret de tinta que ens podia deixar a tots negres com el carbó.

Ara bé, el risc sempre valia la pena. Era molt emocionant jugar amb un pop i sentir com s'agafava a la carn. Només li faltava cridar «presoner, ets el meu presoner» quan et xuclava el braç amb les ventoses i no et deixava escapar de cap manera si no feies molta força i algú t'ajudava a alliberar-te.

Però un dia tot va canviar de manera radical!

De cop i sense cap avís!

6

Va ser una matinada com qualsevol altra. El pare i l'avi van sortir a pescar com feien cada dia, com havien fet sempre el seu pare i el pare del seu pare. Com feia sempre molta gent del poble. Com havien fet generacions i generacions de randemarencs tota la vida.

Allò no era gens estrany, ben al contrari. A Randemar sortir a pescar era la cosa més normal del món.

El que sí que va ser molt estrany va ser la tornada. Quan van tornar a port ho van fer amb la cara trista, molt, molt trista. Van amarrar *La Carmeta* al norai del moll i van anar cap a casa sense dir res, sense parlar amb ningú, sense descarregar les caixes de peix, sense participar en la sempre animada i emocionant subhasta de la Llotja del Peix.

No havien pescat res!

Res! Absolutament res. Ni un trist sonso. Ni un tros d'alga. Res!

Havien tret totes les xarxes absolutament buides!

Una cosa com aquella era totalment insòlita!

Recordo que aquella nit, a casa, no va dormir ningú. A Can Pelaia no havia passat mai res semblant. Sí, alguna vegada, poques, en moments de mal temps o de

temperatures extremes, s'havien fet pesques més aviat petites, amb pocs peixos, però mai no s'havia tret del mar una xarxa totalment buida.

I ni l'avi ni l'àvia recordaven que allò hagués passat mai en cap casa de Randemar ni en cap dels pobles del voltant.

I tots van mirar de fer memòria i no van recordar que en tota la història de Randemar algú hagués sortit a la mar i hagués tornat a casa sense ni una trista sardina de mida petita.

Res. Les xarxes buides sortint de l'aigua tal com hi havien entrat era un fet desconegut.

L'endemà, quan encara era fosc, el pare i l'avi van sortir a pescar com feien cada dia del món. Era una feina, un costum, una activitat que funcionava de manera quasi automàtica. Els vaig sentir marxar, en silenci, sense la seva alegria habitual, i reconec que, com que havia d'anar a l'escola i no els podia acompanyar, em va costar molt concentrar-me en la feina. No podia estar atent a tot el que explicava la mestra perquè el meu cap navegava per alta mar, al costat de l'avi i del pare, imaginant-me el moment màgic de retirar les xarxes de l'aigua.

No podia esperar ni un segon, i quan van acabar les classes vaig anar de seguida cap al port a esperar l'arribada de *La Carmeta*. Per les cares que feien el pare i l'avi ja vaig saber que hi havia problemes, que les coses no anaven bé, abans que haguessin atracat la barca al seu lloc de sempre.

Tot i que els seus rostres seriosos i una mica malcarats ja feien presagiar el pitjor, no vaig poder evitar fer la pregunta.

—Què heu pescat?

—Una lletra —va respondre l'avi mentre el pare em mirava amb la pitjor cara que li havia vist mai.

—Una lletra? —vaig repetir incrèdul, com si no ho hagués entès bé.

—Sí, una lletra. Exactament, una *G*.

I al moment l'avi es va acotxar, i quan es va tornar a posar dret portava una *G* a les mans, com si estigués protagonitzant l'anunci d'una biblioteca.

Era ben veritat. Havien pescat la lletra *G*. Com podia ser? No es pot pescar una lletra.

Ningú no ha pescat mai una lletra!

Al mar no hi ha lletres. O sí?

G

7

La mare i l'àvia es van passar la tarda i bona part de la nit mirant de consolar el pare i l'avi, demanant-los que no s'atabalessin, que es miressin les coses amb més distància, que segur que només es tractava d'un mal moment i que ja s'arreglaria, que encara que tot allò fos molt estrany, tinguessin una mica de paciència.

L'endemà també vaig sortir a tota velocitat de l'escola, sense quedar-me a jugar i sense entretenir-me a parlar amb ningú. Volia ser al moll de pescadors quan arribés la nostra barca. A mesura que s'anava acostant, vistes de lluny, les cares llargues dels dos tripulants no feien presagiar gaire cosa bona.

Quan va ser prou a la vora, vaig poder veure la coberta de *La Carmeta* i vaig confirmar les meves sospites inicials.

No podia ser! En lloc d'un estol de peixos hi havia un grapat de lletres escampades sobre la fusta humida de la coberta.

Com la *G* del dia anterior, però moltes més. Sense posar-hi gaire atenció, vaig poder veure una *D*, una *H*, una *E*, una *P*, una *S*, una *I*... Moltes lletres que emmarcaven la cara de desesperació, de sorpresa i de ràbia del pare i de l'avi.

Vaig saltar a l'interior de la barca i els vaig ajudar a posar-les dins les caixes, com si fossin calamars, sardines o castanyoles. Mentre ho feia, vaig resistir la temptació d'agrupar-les i de fer una caixa de vocals, una de consonants o una de lletres *C* per por que el pare i l'avi s'enfadessin encara més.

Aquella estranya situació es va mantenir durant uns quants dies. Cada tarda, *La Carmeta* tornava a port amb les xarxes plenes de lletres i amb el pare i l'avi desesperats. Ni un peix, ni petit ni gran ni mitjà. Cap peix, només lletres, lletres i més lletres.

Veient que la situació no millorava, ans al contrari, ja que cada dia portaven la barca més plena de lletres, tota la família ens vam posar com a obligació comprovar si allò que ens passava a nosaltres també

passava en altres cases del poble. L'àvia, la mare, l'avi, el pare i jo vam preguntar a tothom si alguna barca havia deixat de pescar, si omplien les xarxes de lletres en lloc de fer-ho amb peixos, i fins i tot si alguna de les tripulacions havia pescat alguna lletra, encara que només fos una, per casualitat i barrejada amb els peixos.

Ho vam preguntar a tothom i a tot arreu. I només vam aconseguir una sola resposta. Sempre no. Un no constant i generalitzat. *La Carmeta* era l'única barca del poble que pescava lletres en lloc de peixos.

Què passava?

I per què ens passava a nosaltres?

El pare, en un intent desesperat d'evitar aquesta mena de maledicció que no podíem entendre ni explicar, va demanar la barca a un dels seus amics. Lo Toniu, un bon company de tota la vida, també molt amoïnat per tot el que ens estava passant, li va deixar la seva. *Estrella*, es deia.

L'avi i el pare van agafar l'*Estrella* i van sortir a la mar amb l'esperança de tornar amb unes bones captures després de molts dies sense fer-ho. A la tarda, quan van arribar al port de Randemar, la coberta de l'*Estrella* estava plena de lletres. Ni rastre de cap peix. Quedava clar; no era el poble, no era el mar, no era la barca, érem nosaltres. Per contra, lo Toniu, que havia sortit a pescar amb *La Carmeta*, va tornar carregat amb tota mena de peixos.

8

El pare i l'avi, desesperats i desconcertats, però mantenint una tradició que ningú no es va plantejar trencar, seguien sortint a pescar cada dia i seguien portant cada dia totes les lletres cap a casa. Ben aviat el porxo va quedar farcit fins al sostre de lletres de tota mena. No en faltava ni una, i n'hi havia moltes de repetides. Havíem acumulat centenars d'alfabets en pocs dies.

No sé com va ser, però, un dia, quasi sense voler, se'm va acudir començar a jugar amb les lletres. Vaig escriure un «Hola» a terra, a l'entrada de casa, com si fos una catifa de benvinguda.

I, de cop, com un llampec, em va venir una idea!

Vaig agafar una escala, em vaig enfilar a la teulada i, aprofitant el fons blanc, vaig començar a ajuntar lletres fins a escriure: «Benvinguts a Can Pelaia».

Haig de dir que m'esperava una bona escridassada i, qui sap, potser també un petit càstig, per enfilar-me a l'escala sense permís i per omplir la teulada de lletres. Però, cosa estranya, a casa tothom estava massa atabalat i massa desesperat per ocupar-se de les meves rucades.

De fet, ni tan sols s'hi van fixar. Només ho van veure quan els veïns que passaven

cAn PelaiA

per davant van començar a dir que era una idea molt original, que les lletres negres sobre el fons blanc destacaven molt, que a ningú no se li hauria acudit una cosa com aquella, que semblava un llibre...

Semblava un llibre?

Un llibre? Allò em va interessar!

Fons blanc i lletres negres. Era veritat, semblava un llibre.

Un llibre gegant!

Sí, un llibre gegant!

L'endemà, mentre el pare i l'avi seguien a mar pescant lletres i desesperats pel fet que no entressin diners a casa, jo em vaig tornar a enfilar a la teulada i vaig escriure: «La Raquel està molt, molt contenta. A l'escola li estan ensenyant les vocals». Era la frase d'inici d'un dels llibres que tenia a casa. *Les vocals desaparegudes*, es deia.

Ben aviat van començar a passar veïns que s'aturaven, llegien la frase, somreien, marxaven i ho explicaven als seus familiars i amics, que, picats per la curiositat, també s'acostaven a veure-ho amb els seus propis ulls.

Cada vegada venia més gent i tots em preguntaven com seguia la història. La meva idea havia fet gràcia. A la tarda, quan van arribar el pare i l'avi, amb més lletres i sense peix, vaig tornar a pujar a la teulada i vaig tornar a combinar les frases per escriure la continuació: «*O*, rodona, rodona, una pilota de paper. *U*, com un pont posat de cap per avall».

L'endemà va venir encara més gent. Els pescadors passaven per davant de casa quan marxaven a treballar, i enmig de la foscor de la matinada, només amb la llum del fanal de la plaça, mig tancaven els ulls i s'esforçaven per llegir l'escrit abans de sortir a pescar. I, a mesura que sortia el sol i avançava el dia, venia molta més gent.

Fins que l'àvia va tenir una bona idea.

—Si tothom vol veure això que escriu el nen, per què no cobrem entrada? Si la gent paga per anar al cinema, també pot pagar per venir a llegir històries, oi?

Dit i fet.

L'àvia mateixa va ser la que va decidir posar una taula, una cadira i la capseta metàl·lica de les galetes a l'entrada de la plaça i començar a cobrar. Sense consultar ningú, es va decidir per un preu mòdic, 10 cèntims. La mare i jo ens la miràvem, nerviosos i estranyats, pensant que la gent no voldria pagar per llegir històries. Una cosa era veure-les tot passant i una altra de molt diferent haver de pagar. Però no, ens equivocàvem. Tot-

Pl. de la
llibertat

hom s'hi va apuntar i el primer dia ja va ser tot un èxit.

L'àvia va tancar aquella primera jornada amb una mica més de 50 euros a la caixa, i la gran sorpresa se la van endur el pare i l'avi quan van tornar a casa, sense peix i carregats de lletres, com ja era habitual.

El dia que s'acabava la història de *Les vocals desaparegudes*, l'àvia, que de joveneta havia treballat com a dependenta en una merceria i tenia allò que en diuen visió comercial, va decidir augmentar la quota d'entrada a 15 cèntims, i, entre que hi havia molta més gent i que van pagar més diners, va tornar a casa amb una caixa que superava els 100 euros.

Molts més diners dels que aconseguíem quan el pare i l'avi omplien *La Carmeta* de peixos i els venien a bon preu a la subhasta de la llotja.

Quan vaig acabar de copiar aquell llibre, que de fet era més aviat curtet, em vaig decidir a fer un pas endavant, i el que vaig fer va ser començar a crear les meves pròpies històries, així serien totes noves i ningú tret de mi no les hauria pogut llegir mai abans. Amb totes les que m'havia explicat l'avi al llarg de la meva vida i una mica d'imaginació, em veia amb cor de crear aventures diferents i divertides.

Històries inèdites i originals!

9

Vaig començar explicant les aventures d'un petit cranc, el Pinces, que viatjava per tot el món en companyia d'una molt bona amiga seva, una estrella de mar, la Puntes. Va ser tot un èxit. La primera història agradava molt i cada dia venia més gent per saber com continuava.

I, quan es va acabar, tothom en demanava més, i per això en vaig començar a imaginar d'altres. Ningú no volia renunciar a tenir més històries de *Les aventures boges del Pinces i la Puntes*.

El boca-orella va fer circular a gran velocitat allò que passava cada dia a la teulada de Can Pelaia més enllà dels límits del poble, i ben aviat va començar a venir gent d'altres pobles que omplia cada dia la plaça de gom a gom.

Un dia em va aturar el Joan de Cal Mec, que en realitat es deia Joan Nolla i que era el director de la revista local i també de Ràdio Randemar. Atret per l'èxit del que estava fent, em volia fer una entrevista. Li vaig explicar com havia anat tot i allò va disparar un fenomen que ningú no s'esperava. Van començar a venir periodistes, diaris, ràdios i televisions, primer de la comarca, després de la comunitat i finalment del país, i també alguns d'estrangers. Tots tenien ganes de trobar

notícies diferents, i allò que passava al meu poble agradava molt i es veu que era una bona història. I, per cada informació que apareixia, per cada article, per cada reportatge, per cada entrevista, venien molts més periodistes.

Enmig de tants informadors, també va venir a veure'ns el senyor Obduli Mentolat, l'alcalde de Mardefons, el poble del costat. Molt solemne, ens va dir que el Ple municipal havia aprovat per unanimitat pintar una de les teulades del poble de color blanc i volien saber si m'agradaria anar-hi un dia a la setmana a escriure-hi les meves històries.

Vaig dir que sí, i després de Mardefons van venir Marplana, Marblau, Marencalma, i fins i tot Marsalada, la capital de la nostra comarca. Tots els pobles començaven a trencar la norma i ja ningú no protestava ni s'estranyava davant la possibilitat que una de les teulades del poble fos de color blanc. Allò que abans era un fet del tot intolerable i inadmissible ara es convertia quasi en una autèntica necessitat. Ningú no volia renunciar a la possibilitat de tenir aventures de primera mà al seu poble, ben a la vora de casa, i molt aviat la meva agenda es va anar omplint d'activitats i de compromisos.

I, com que molta gent es movia de poble en poble per anar seguint tot el que feia i no perdre's ni una sola de les aventures, em vaig veure obligat a no repetir-ne cap, que totes fossin noves i originals.

10

Vaig començar a recordar totes les històries que m'havia explicat l'avi durant diumenges i diumenges, les que havia escoltat a la Llotja del Peix de Randemar, les que havia llegit i les que em podia inventar. El cervell em bullia de tanta activitat. Personatges, històries, trames, situacions, anècdotes. Tot, treballant-ho com si fos un cuiner amb una gran olla barrejada al davant. Posar la cullera i estirar. Ara un cigró, ara una patata, una fulla de col al costat d'un tros de vedella, un tall de cansalada, una mica de bou, una pilota de carn picada, un cullerot de brou.

I així, estirant una mica d'aquí i una mica d'allà, anava construint històries. Històries que, sense voler-ho, van anar arrelant en l'imaginari de la gent que em venia a veure i que se les va anar fent seves. Primer vaig tenir la temptació de deixar-les totes escrites, però vaig veure que a la gent li agradava molt escoltar-les, guardar-les dins seu i tornar-les a explicar posant-hi la seva pròpia personalitat. Sí, era un fenomen tot curiós. Jo les explicava a la meva manera i ells les recordaven i les tornaven a explicar a la seva, afegint-hi algunes coses, canviant-ne d'altres, exagerant alguns fragments i obviant-ne d'altres.

I, d'aquesta manera, passant de boca a orella, el món es va anar omplint de les aventures originàriament narrades pel Pinces i la Puntes, que, dia a dia, es van convertir en històries populars que parlaven d'estrelles de mar, de càlides sirenes, de terrorífics monstres marins, de pirates temibles, de mariners bondadosos, de peixos desconeguts i de territoris fantàstics i desconeguts.

I, ves per on, les històries de la teulada blanca de Can Pelaia de Randemar es van anar fent conegudes arreu del món. I jo encara m'enfilo cada dia a l'escala i escric una nova part d'un nou relat amb les lletres que el pare i l'avi pesquen cada dia amb *La Carmeta*.

«Hi havia una vegada al fons del mar un cranc que es deia Pinces i una estrella de mar que es deia Puntes...».

Índex

Jordi Cervera

Reus, 1959

Jordi Cervera va néixer a Reus i viu a Badalona. Periodista de professió, la seva feina ha estat sempre vinculada a la cultura tant en programes de ràdio com en premsa i en el seu blog. Com a escriptor ha conreat poesia, novel·la literatura infantil i juvenil i assaig i ha obtingut diversos premis. Amb *Mar de lletres* ens ofereix un misteriós argument que ens trasllada la seva passió per la lectura i l'escriptura gràcies a les peripècies del jove protagonista.

Roger Olmos

Barcelona, 1975

Vaig néixer un 23 de desembre de 1975 a Barcelona. Era d'aquells que no quadrava en edat amb els de la meva classe i aquesta va ser la primera pedra que em va travar el camí. Nen introvertit i amb més vida social entre llapis que entre els de la meva edat, mai no vaig deixar el dibuix. Amb ell podia expressar-me i treure fora les meves cabòries. Ja més endavant em vaig especialitzar en il·lustració a Barcelona, i ser seleccionat a la fira de Bolonya em va catapultar al món editorial. Des d'aleshores he publicat uns 100 títols per diversos països, he guanyat premis com el Lazarillo i diversos White Ravens, i he explorat camps com la docència en multitud d'acadèmies i universitats pel món i en el cinema com a dissenyador de «concept art».